LaLürik U. – die sinnigen Unsinnsgedichte und Limericks von Reinhard F.

Gewidmet
meinem Sohn Nikolai
sowie dem „Nachtwanderer" und Romanautor
Manfred Enderle, der mich zu diesem dritten Band
von LaLürik ermutigt hat und all den Fans von
LaLürik – die Kneipengedichte
und LaLürik – die Liebesgedichte von Reinhard F.,
allen Leserinnen und Lesern, die sich ein Herz für
Spaß, Satire und Humor bewahrt haben –
und die zum Lachen nicht in den Keller gehen.

Ein Tag ohne Lächeln ist ein verlorener Tag.

Charly Chaplin

Typographie: Wolfgang Hödl, Günzburg

Herstellung und Verlag: Books on Demand GmbH,
Norderstedt
ISBN 978-3-8334-9175-7

LaLürik UI

Eine Fliege
sitzt auf meiner Stiege.
Ich kenne sie zur Genüge,
denn sie stört mich
wenn ich schlafe, wenn ich liege.

Sie stört mich beim Essen,
will mit mir fressen.
Aber auf solche Mitesser
verzichte ich besser.

Ich hole die Klatsche,
mit der ich sie zermatsche.
Ich finde das schaurig,
bin furchtbar traurig.

In einem anderen Leben –
sie wird danach streben –
wird sie sich rächen
für mein Verbrechen!

Dann schlägt sie mir armen Tropf
eine Schaufel auf den Kopf.
Doch vielleicht hat sie dann
auch Skrupel – wenn sie kann!

LaLürik U2

Ich schiffte am Korallenriff
rund herum und gradeaus
mit meinem kleinen Wasserschiff
und wusste weder ein noch aus.

Bis ich auf eine Nixe traf –
die zeigte mir den Weg.
Jetzt find' ich ihn sogar im Schlaf,
den Weg, den Weg
zum Jungfernsteg ...

LaLürik U3

Lola rennt
nach Kukident in die Apotheke,
braucht es für 'ne Fete.

Denn das soll ihr haftbar machen
ein paar ganz geheime Sachen
die nicht mal ihr Liebling kennt
mit dem sie schon seit Jahren pennt.

Doch ihr Nachbar hat's gesehen,
natürlich, ganz nur aus Versehen.
Jetzt denkt er, was ist schön daran,
dass er sie zahnlos sehen kann?

Es sind die Lücken
die entzücken, das weiß er nun genau
nicht nur bei dieser schönen Frau.
Und ich glaube, ja ich schwör':
da ist jeder gerne ein Voyeur!

LaLürik 04

Mir schwant nichts Gutes,
wenn ein Schwan'
kommt heran,
wenn ich mit meinem Gummiboot
auf Leben und auf Tod,
durch unsern Dorfteich ruder',
Oh mein Vater, Mutter, Bruder!
Ich hoff', das Tier kommt nicht zu nah,
wie damals in Amerika.
Das hat mich fast ins Bein gebissen,
ich hab' mir fast mein Hemd ver-schlissen
und bin geflohen nach Illertissen!

LaLürik U5

Der Wasserfall der fällt im Intervall
auf Knall und Fall mit lautem Schall.
Und manches Mal in Berg und Tal,
da kommt der Wasserfall
auch aus dem Hosenstall!

LaLürik U6

In der Karibik
macht Urlaub beliebig
wer „Kohle" hat
in Land und Stadt.

Dort mag die Sonne scheinen
das ganze Jahr,
die armen Leute meinen,
das sei doch wunderbar.

Und hast auch du dereinst das Glück
einmal dorthin zu fliegen –
ich wette, du kommst bald zurück,
deinen Schweinehund zu besiegen.

Auch bei uns da scheint ja die Sonne,
's gibt Regen hier und Schnee.
Ist das nicht 'ne Wonne
und einfach ebenso scheee??

LaLüriK U7

Auf Norderney nachts um halbdrei –
ich aß und trank für zwei –
da hört' ich einen Schrei!

Inmitten der Nacht
um den Verdauungsschlaf gebracht:
das wär' doch gelacht,
ich hatt' 'nen Verdacht:
War das der Hausgeist, der damals
so dreist mir den Schlaf zu rauben,
ich konnt's nicht glauben?

Oder die Jungfrau von gestern
– sie hatte keine Schwestern –
einstmals von einem Vampir gekillt,
der seinen Durst an ihr hat gestillt?
Aller Liebe entsagend
zieht durch die Gemächer sie klagend
als Geist und verwaist.

Man sagt eine Adelsfrau
sehr schön und sehr schlau, sei dereinst
verschwunden, noch ungebunden...
Geschah vor Ort hier draußen ein Mord,
vor langen Zeiten, wer will es bestreiten?

→

Was juckt's mich, lasst sie doch schreien,
ich will die Störung verzeihen,
schlaf' morgen am Strand
und träum' allerhand:

Von Jungfrauen, von Nixen, Vampiren
und Ahnfrau'n, von Brüdern und
Schwestern,
von heute, von gestern...

LaLüriK U8

Das Känguru(h) bewahrt die Ruh'
wenn man's jetzt ohne „h" schreibt.
Dem Ganzen schaut es einfach zu,
auch wenn es wilde Blüten treibt.

Es gibt vielerlei Gedeutel
von Schwachsinn bis zum Bauchgefühl,
das Känguru steckt's in den Beutel
und hält von Schreiberei nicht viel.

Dem Nachwuchs wird's nicht anders
gehen,
dem Känguru ist das egal –
ob wir den Lapsus auch verstehen,
das ist ihm viel zu infernal!

LaLürik U9

Der „Unk"

Der Unk macht Stunk.
Schließlich ist er keine Unke
sondern nur der Mann der Unke.
Nur dieses kleine „e" zuviel
macht ihn geschlechtslos – ohne Stil.

Und deshalb ist der Unk so sauer,
und oft versinkt er auch in Trauer.
Dann richtet ihn die Unke auf,
setzt liebevoll noch einen drauf:
Mein lieber Unk, was wäre ich
ohne „e" und ohne dich!

Es hatte ein Mädchen rotes Haar,
bevor das Mädchen ein totes war.
Lunte gerochen
hatte ihr Freund es erstochen.
Jetzt weint er um es ein großes Maar.

LaLürik U10

Manchmal komm' ich viel zu spät.
Konkret.
Manchmal komm' ich in der Frühe,
das allerdings, das macht mir Mühe.
Wenn ich aber abends komm'
gibt mir meine Liebste fromm
und ganz deutlich zu verstehen:
Guter Mann, du musst nun gehen!

LaLürik U11

Oben auf dem Campanile
stehe ich und schiele
hinunter auf den Markusplatz,
denn dort, im Regen steht mein Schatz!

Wollt' partout nicht mit mir kommen,
hab' den Turm allein erklommen.
So steht sie nun im Regen
und von oben kommt der Segen.

Doch was seh' ich da mit Argusaugen
von oben – kann es gar nicht glauben:
Sie flirtet da, bei meiner Ehre,
mit einem schwarzen Gondoliere!
Na warte, wenn ich unten bin,
küss' ich 'ne Italienerin!

LaLüriK U12

Zum Mitsingen:

Wenn ich so durch die Straßen schlurfe –
vorausgesetzt, ich krieg' die Kurve,
dann trage ich an meinen Stiefeln
Stulpen aus Amsterdam,
Stulpen aus Amsterdam ...

Kann mir jemand das verübeln,
erst recht nicht, wenn es gießt aus
Kübeln?
Ja, was trag' ich dann an meinen Stiefeln:
Stulpen aus Amsterdam,
Stulpen aus Amsterdam ...

Dann wird nicht nass mein Hosenbein
und die Füße bleiben rein –
mit Stiefeln und Stulpen aus Amsterdam,
mit Stiefeln und Stulpen aus Amsterdam!

✖

Was Gustl seiner Lori tat
war eine schlimme Moritat.
Nun sitzt er im Knast
und denkt sich fast,
dass seine Lori jetzt den Flori hat.

LaLürik U13

Schenkst du Frauen ein paar Klunkern
kannst du aufhören mit dem Flunkern.
Sie halten dich für sehr verrückt
und sind dennoch ganz entzückt.

Edelsteine, Perlen und Korallen
ja, die gefallen allen.
Doch: Willst du Sie lieben oder kaufen?
Dann kannst das Geld du auch versaufen.

Denn der größte Glanz verblasst,
wenn du mal eine länger hast:
Und wenn die dann den Schmuck versetzt
bist du aus gutem Grund verletzt!

LaLürik U14

Wär' ich ein Chamäleon,
könnt' ich die Farben wechseln.
Doch leider bleib' ich Ton in Ton,
daran lässt sich nichts drechseln.
So bleibe ich stattdessen
jedweder anderer Interessen
nur ein Kamel im ganzen Land.
Ehrlich: Ich find' das allerhand!

LaLüriK U15

Ein Diplomat
fuhr mit dem Rad,
denn den V 8
hatte sein Chauffeur gekracht.
Der Bodyguard,
nicht gerade zart,
fuhr per Mofa hinterher
und keuchte schwer.

Da kam die Polizei,
vernahm die Zwei.
Sie wurden ungerührt
abgeführt.
Denn der Diplomat war blau
und wünschte sich 'ne Frau.
Der Bodyguard daneben
wollt' auch etwas erleben.

Was dann geschah –
man kam sich nah,
in der Zelle
auf die Schnelle ...
's war ein Skandal,
wo bleibt da die Moral?
Der Bodyguard fuhr Rad
mit dem Diplomat!

LaLürik U16

Ach Uschi, du mit deiner Muschi –
und ist es auch ein Kater
ein fetter, desolater,
du streichelst liebevoll sein Fell
und dein Schätzchen merkt ganz schnell,
du willst es verwöhnen.
Ihr Beiden seid die Schönen –
und ich, dein angetrauter Mann
kommt dann erst als zweiter dran!

LaLürik U17

Es sprach die Maus zum Mäuserich,
ich liebe dich. Und beide küssten sich
und keiner von dem andern wich.
So kam's, dass Mäusekindlein kamen,
eins, zwei, drei und mehr.
Alle kannten sie beim Namen
und sie liebten sie so sehr.
Ein glückliches Familienleben
war nach eigenem Ermessen
wert, es täglich anzustreben –
doch die Alten hat die Katz' gefressen!
Den Jungen kam der Mensch zuvor,
nahm all'samt sie gefangen.
Sie kamen in ein Test-Labor,
den Mäuse-Himmel zu erlangen ...

LaLürik U18

Selbstbewusst!

Eine Koryphäre –
bevor ich‘s Euch erkläre,
wüsst‘ *ich* gerne, was das wäre?

Verpufft die Koryphäre
in der Atmosphäre,
ohn‘ dass ich Euch belehre,
wisst *Ihr,* was das wäre?

Die Koryphäre gibt es nicht,
nur eine Koryphäe.
Mit dem „r“ üb‘ ich Verzicht
und weiß nun,
auch Ihr wisst es nicht:
Ich bin die Koryphäe
ganz in Euerer Nähe!

*Rolf hat öfters meditiert
und tat das auch ganz ungeniert,
meistens nackt,
ganz unverpackt –
doch niemals, wenn er g‘rad liiert.*

LaLürik U19

Ich spielte gerne Klarinette
wenn ich nur eine hätte.
Ich spielte gerne Saxophon,
das gehört zum guten Ton.
Und wenn ich dann verharre,
greif' ich zur Gitarre.
Manchmal, ja ich neige
zu Violine, Geige.
Und natürlich stante pede
bliese ich auch gern Trompete.
Würd' ein Flügel mich beflügeln
könnte kaum ich mich noch zügeln
und auch ein Kontrabass
machte sicherlich mir Spaß!

Doch ich hab' nur eine Tröte,
der Grund, weshalb ich flöte –
und manches mal wie Angela
spiel' ich Mundharmonika.
Das sollt ihr alle wissen,
mir geht es halt be.....scheiden.
So werd' ich nie ein Musikus
und ihr kommt um den Hörgenuss!
Am besten werf' ich alter Ochs
Münzen in die Musicbox!

LaLürik U20

Kam einst ein Gewitter
war es bitter für den Ritter.
Schlug der Blitz ein, war der ganz klein.
War der Ritter dann geschrumpft
und der Knappe abgestumpft –
nahm er den Schlüssel an sich,
fühlte ganz als Mann sich.
Flugs ging er in die Kemenate
zu des Ritters Frau Renate
und schloss auf den Keuschheitsgurt,
denn der Ritter war ja furt!

LaLürik U21

Irgendwo in Austra(e)lien
landete ein Alien.
Europa hat er nicht gefunden,
das verfehlt' er um Sekunden.
Er beamte sich nach Afrika,
war Minuten später da.
Amerika besucht' er auch –
und stand wieder auf dem Schlauch –
denn kein Mensch hat ihn vermisst,
keine Frau hat ihn geküsst ...
Da hat er lautlos sich verpisst
zu einem anderen Planeten –
wollte dort sich nicht verspäten!

LaLürik U22

Ich wollt' ich wär' *kein* Millionär.
Mich liebte alle Welt
dann ohn' mein Geld.
Ein anderer Mann wär' Chef
von meiner Tupolew.
Mein Schlosshotel gehört'
'nem andern
und ich ging' fröhlich wandern
mit dem Rucksack huckepack
von einem Ort zum andern –
über Stock und Stein
nicht ganz allein –
denn Gott erbarm'
ich hätt' noch meinen Charme
und die Damen würden
auf mich fliegen –
ohne einst mein Geld zu kriegen!

In Landsberg lebte ein Mädchen,
das kam in die Schule zu spätchen.
Es war so schlau
und wusste genau:
Viel schöner ist es im Bettchen.

LaLürik U23

Es schmiedete ein Kupferschmied,
oh nein – er schmiedete
kein Kettenglied,
das ist ein großer Unterschied:
Es schmiedete der Kupferschmied
statt einem Kettenglied
ganz einfach Heiratspläne
für sich und seine Kleene.
War das ein Ding:
Er schmiedete Verlobungsring',
die waren sogar aus Eisen
und keiner konnt's beweisen.
Sie ließ sich nicht erpressen,
das Jawort gab stattdessen
sie einem Winzer aus Rheinhessen.

Jim hat Jenny oft beglückt
und danach gern frühgestückt.
So gestählt
hat er erzählt,
er sei jetzt allemal entzückt.

LaLürik U24

Das Chamäleon
das tarnt sich schon im Namen.
Du glaubst es nicht?
Ich glaub' es schon.

Ist's ein Chamäl,
ist's ein Leon,
das Wüstenschiff?
Als König Löwe ein Begriff?

Natürlich ist es keins von beiden
und es schämt sich fürchterlich,
muss sehr darunter leiden –
und darum Leute, färbt es sich
mal rot, mal grün – in allen Farben.

Und doch: es muss nicht darben.
Denn grade dieses Mimikri
ernährt das Tier,
was meinen Sie?

LaLürik U25

Altbekannt ist, dass auf „Mensch"
sich nur *ein* Wort reimt –
und das heißt „pensch".
Von Lam-pensch-irm ist's ein
Fragment,
steht in der Mitte vehement.
Du sagst, das Ganze sei kein Wort –
bleib' mir mit solcher Weisheit fort.
Schließlich und endlich, das ist feil:
der Teufel steckt hier im Detail.
Und wennsch du einen Schwaben
„kennsch",
vielleicht bei einer Schwäbin „pennsch",
dann reimt sich das ja auch auf
„Mensch" ....
... denn Schwaben können alles ...

✠
Franz saß in einem Weißwurstkeller,
ein Hund fraß ihm die Wurst vom Teller,
was schade war,
denn gute Wurst ist rar.
So trank er halt nur Muskateller.

LaLürik U26

Sieben kleine Zwerglein
wohnten hinter sieben Berglein.
Sie waren nicht allein
und schworen Stein und Bein
auf Schneewittchen,
dieses Flittchen
das allen hat den Kopf verdreht.
Wie das Märchen weiter geht?
Ein Königssohn kam als Galan
und nahm sich des
Schneewittchens an,
hat das Mädel aufgeweckt
und die Zwerglein sehr erschreckt.
Sieben kleine Zwerglein
hinter sieben Berglein
hatten ihre liebe Not,
mit sieben Mal der Liebe Tod.
Und sieben kleine Zwerglein
hinter sieben Berglein
schauten in den Mond.

*Nachts war es auf der Wies'n spat,
da fuhr noch einer Riesenrad.
Der Riesenradbenutzer
war Wies'n-Fensterputzer
und hatte Zahltag grad'.*

✤
Eine Tote fand man in Beverly Hills.
Das war die Sensation für every Bills.
Sie war schön wie nie,
doch keiner kannte sie.
Wer had she wohl kills?

LaLürik U27

Ich trinke gerne Apfelsaft,
am liebsten nicht allein.
Der Apfelsaft,
der gibt mir Kraft
auch für die Liebste mein.

Doch trinke ich zu viel davon,
dann bleibe ich allein.
Was dann passiert –
Ihr wisst es schon –
ist leider gar nicht fein.

Das findet meine Liebste auch,
serviert mir roten Wein.
Der ist besser für den Bauch,
will man sein zu zwei'n!

LaLürik U28

Ein Fisch lag auf dem Tisch.
Noch ganz frisch.
Da kam die Katz' und ratzfatz
war der Fisch vom Tisch.
Die Moral von der Geschicht',
frische Fische lässt man nicht
ohne Aufsicht liegen
sonst können andere sie kriegen.
Auch sollte man sich nicht verspäten
sonst kriegt man nur die Gräten!

LaLürik U29

Sie fuhr 'nen Alfa Romeo
und ich 'ne alte Mühle.
Sie wollte mit mir in den Zoo,
ich hegte andere Gefühle.

Geh'n wir also Affen gaffen
sagte ich und fragte froh:
Ob wir auch so etwas schaffen,
wie die Affen mit dem roten Po?

Sie stieg in ihren Romeo
und ich in meine Mühle.
Liebe Leute, apropos:
Ich war heiß – sie blieb die Kühle.

LaLürik U30

Es war ein Floh, der einsam war
in einer Dame Achselhöhl-lein.
Nicht eine Flohfrau, die dem Floh gebar
viel hundert kleine Flöhlein.

Er katapultiert sich voller Frust
weit weg in fernere Gefilde,
getrieben von enormer Lust,
war drüber sich im Bilde.

Und siehe da, beim Seitensprung
fand Flohfrau er im Paradies
und zeugte dort viel Flöhlein jung –
die Dame aber – fand das mies!

Jens hatte einen Hexenschuss,
bekämpfte ihn mit Apfelmus.
Das tat ihm gut,
er fasste Mut
und hatte fortan kein' Verdruss.

LaLürik U31

Verliebter Sergej, Russi
hat verdammt Verdrussi.
Gibt er Olga ein paar Bussi
und was macht die Tussi?
Olga, schönes Hasi
rümpft dabei nur Nasi –
liebt jetzt Nikolai, Schweinerei!

Sergej sinnt auf Rachi,
wie er platt den machi.
Doch Olga liebt längst Nikita,
schon wieder ist ein anderer da!

Sagt Nikolai zu Sergej:
Komm' her, bevor ich sterbej,
trink' mit mir Wodka, Briederchen,
das Olga sein ein Liederchen
was effnet gern sein Miederchen!

LaLürik U32

Es sprach das Stachelschwein
zum Warzenschwein:
Du musst nicht traurig sein,
denn ein normales Schwein
ist zwar rosig und auch fein.

Doch das bringt ihm gar kein Glück,
bricht ihm immer das Genick.
Es wird einfach aufgefressen
von Menschen – und ganz
schnell vergessen.
Da liebe ich die Stacheln mein –
und du sei stolz auf alle Warzen dein.
Sie retten dir das Leben,
so ist das eben – und der Beweis:
Schönheit hat 'nen hohen Preis!

LaLürik U33

Ganz leise kroch eine Ameise
über mein Butterbrot.
Bald ist sie tot. So dachte ich,
doch was machte ich?
Ich dachte, für die Ameise
ist das eine große Reise.
Da ging sie ganz weise
über den Tisch – auch ganz leise.
Ich wünschte ihr Glück
und biss ein Stück
von meinem Butterbrot.
Die Ameise war nicht tot –
und für mich war alles im Lot.
Ich hatte ein Leben gerettet
und fühlte mich gut.

Ein Mann, der auf den Mond flog,
fand, dass es auf dem Mond zog.
Hemdsärmlich
fror er erbärmlich.
Das kam auf dem Mond vom Windsog.

LaLürik U34

Ich bin so sensibel, das ist von Übel.
Ach wär' ich knallhart,
blieb' mir manches erspart.
Sie war so penibel –
und gar nicht sensibel.
Wenn ich etwas sagte,
sie mich einfach fragte:
Warum bist du so sensibel,
das ist doch alles von Übel?
Nimm' mich so wie ich bin
als dein Chef – und doch feminin!

LaLürik U35

generös pompös nebulös
ruinös libidonös
voluminös monströs
kapriziös seriös ominös –
Ach was: Fast alles mit „ös"
ist skandalös!

LaLürik U36

objektiv restriktiv
Konjunktiv konspirativ
Nominativ fiktiv
konstruktiv Aperitif
selektiv subjektiv
resultativ hyperaktiv –
im Grunde ist alles
doch relativ!

LaLürik U37

Aktionär monetär
revolutionär ordinär
komplementär
reaktionär illusionär
konträr –
ach, klänge das alles
doch nicht so
schwör!

LaLürik U38

Wäre ich der Morgenstern ...
ja wäre ich das wirklich gern?
Wäre ich der Ringelnatz,
hätt' ich 'ne „Muschelkalk"
als Schatz!
Wäre ich der Endrikat,
käm' meine Dichtung viel zu spat!
Und wäre ich Francois Villon
oder auch Monsieur Rimbaud,
dann suchten mich
die Häscher schon.
So bleib' ich lieber Reinhard F.
und bin und bleib'
mein eigener Chef.
Wenn meine Dichtung euch gefällt,
bin ich ganz stolz auf dieser Welt
und stelle meinen Kragen
als hätt' ich was zu sagen!
Noch Fragen?

Es lebte eine Dame in Uelzen,
die aß samstags, sonntags nur Sülzen.
Als sie mal was anderes vorzog
starb sie, es sei denn der Schein trog
an einer Vergiftung von Pülzen.

✥
Jim ritt von Land zu Land
bis an den Ostsee-Strand
und überall
sogar im Senegal
war bestens er bekannt.

LaLürik U39

Ganz Paris träumt von der Liebe
und es wallen auf die Triebe
ganz wie bei einem Sturm
oben auf dem Eiffelturm.

Liebe ist so eine Sache
zu der ich mir Gedanken mache,
weil sie dich stets gefangen nimmt,
ganz gleich, wo sie für dich bestimmt!
In Paris, in Bayern, der Camarque –
auf jeden Fall, sie ist ganz arg!

LaLürik U40

*Zur Verabschiedung eines „altgedienten",
liebevoll „Daddy" genannten
und musikalischen Kollegen:*

Ein Loblied sei für unsern Daddy
geschrieben fein, auf Olivetti.
Den Abschiedstrunk serviert paletti
höchst persönlich Donizetti.

Und mancher Mädchen Fazzoletti
schmücken Tränchen nun für Daddy,
rascheln leise Coaty Petty –
„Komm' bald wieder", singt ein Freddy.

Ein großes Schauspiel gab Pasetti –
und ach, gäb's viele Rigoletti –
wär' doch prima, maledetti:
eine Oper nur für Daddy!

Mit zwei flotten Maseretti
kommen fern aus Cincinatti,
Gangsterbosse, Mafianetti,
friedlich streuend nur Konfetti!

Muezzins von Minaretti
künden Abschied an von Daddy.
Und auf dem Golfplatz wirft der Caddy
lauthals klagend Silhouetti.

Gern wär' jeder Paulchen Getty,
rauchte Zigarr' statt Zigretti,
hätt' auch ein Geschenk für Daddy –
für den Tisch was und fürs Betty!

Sein Werkeln hier war Kabaretti,
da schlug so mancher Pirouetti –
und zu Mittag gab's Spagetti,
al dente – klar – und nicht zu fatty.

Halt die Ohren steif, nun Daddy;
nimm's gemütlich wie ein Teddy.
Bleib' gelassen, saperletti –
zum Abschied sind wir da – kompletti!

Lieschen war sich nicht im Klaren:
Wo sind die Balearen?
Ein weiser Mann
erklärt' ihr dann:
Dort wo Touristen sind in Scharen!

�khҳ

Karlchen wollte länger pofen,
das war ein Schuss wohl in den Ofen.
Er wurde geweckt,
das hat ihn erschreckt –
der ganze Tag war gelofen!

LaLürik U41

Als der Bauer Rübesam
spät von seinem Acker kam,
wollte er Frau Rübesam
noch ein bisschen an den Kram.

Schlich sich in ihr Schlafgemach
und da sah er ungemach –
sein eigen Bett war nicht mehr frei –
letztlich war's ihm einerlei.

Trieb's die Bäuerin mit dem Knecht,
hatte er das selbe Recht.
Weshalb sollte er da jammerm,
es gab ja auch noch andere Kammern.

Er hatte eine schöne Magd,
besuchte die ganz unverzagt –
und dieser war's nicht einerlei –
denn auch sie, sie war so frei!

LaLürik U42

Manches dumme Huhn ist total immun
gegen Liebe, Liebelei
und legt dennoch Ei um Ei.
Hat der Hahn etwas dagegen,
gegen solchen Eiersegen,
dann ist nicht das Huhn die Dumme,
was bedeutet in der Summe:
Hähne haben viele Lieben –
wo steht da Vaterschaft geschrieben?
Wenn manchmal zu des Huhns Entzücken
aus den Eiern schlüpfen Küken!
Eitler Hahn – geschwellte Brust,
sucht dann woanders seine Lust.
Schließlich ist er nicht aus Holz –
und ohne jeden Vaterstolz!

LaLürik U43

Erst war ein Loch,
dann kam das Ness dazu –
jedoch – was ist ein Loch –
unausgefüllt und ungestillt?
Man erfand, dann ganz charmant,
ein Ungeheuer, das war nicht teuer.
Und nun will jeder es gesehen
und sei es nur, um zu verstehen:
Ein Loch ist nur ein Loch –
na was denn noch?

LaLürik U44

Frisch verwitwet auf der Mauer
sitzt neugebacken Lisbeth Bauer.
Einst hat sie ihren Mann geliebt,
doch der hat alles Geld versiebt.

Jetzt hat sie ihn nun endlich los
und das ganze ist famos.
Sie will als Witwe lustig sein
und macht sich für 'nen Besseren fein.
Ist der auch so ein Filou,
gibt sie ihm Gift, ganz ohne Schmuh!
Hat er die Pilze dann gegessen
wird sie auch ihn ganz schnell
vergessen...

LaLürik U45

Beim großen Damen-Fußball-Spiel
zeigten alle Damen viel.
Da sah man dann, was Frau so schafft
wenn eine „Mann-schaft" zugegafft.

LaLürik U46

Regentropfen tropfen, tropfen,
Regentropfen klopfen, klopfen
an die Fensterscheiben,
laden ein zum bleiben.

Regentropfen platzen, platzen
auf das Fell von Katzen, Tatzen
und die Hunde werden nass
und die Mädchen bleiben blass.

Viel schöner wäre Sonnenschein
doch Sonnenschein bringt's
nicht allein.

Regentropfen müssen tropfen
und an Fensterscheiben klopfen,
klopfen...
Regentropfen platzen –
wie die schönsten Träume!

LaLürik U47

Es saß einmal ein Sommelier
mit Mabel auf dem Kanapee.
Das war in einem Separee –
sie stahl ihm dort das Portmonee.
Die Dame, sie war keine Dame
stattdessen eine sehr infame.
Der Sommelier hat viel gelernt –
von solchen „Damen" sich entfernt!

LaLürik U48

Es knirscht wenn so ein Hirsch
durch die Wälder pirscht.
Es raschelt leise macht es ein Reh
auf seine Weise.

Es rauscht wenn so ein Hase
durch die Felder braust.
Und wenn wie der Blitz ein Eichhörnchen
knitz über die Wiesen flitzt...

...dann freut sich der Waidmann
und legt das Gewehr an!
Schießt auf alles was sich bewegt –
bis es auch ihn vom Hochsitz fegt.

LaLürik U49

Ein Floh sprang ganz inkognito
und unbestellt zu mir ins Zelt
und setzte sich ganz ungalant
auf meine Nasen-Scheidewand.
Darauf musst' ich niesen,
das konnt' ihn nicht verdrießen.
Er suchte sich ein neues Ziel
in unteren Gefilden,
trieb weiter dort sein böses Spiel
mit Schadenfreude, infantil.
Doch war gekommen seine Zeit,
ich habe mich von ihm befreit
mit einem Sprung in einen Teich,
da floh der Floh auch dann sogleich.

LaLürik U50

Ich fresse – ohne Raffinesse
Leberkäs' und Sauerkraut,
wovor so manchem Chefkoch graut.
Doch insgeheim –
was isst denn der daheim?
Statt Trüffeln, Sushi, Kaviar?
Eigentlich ist das ganz klar:
Am liebsten isst er so wie ich
zu Hause auch bei Muttern –
g'rad so, wie der Metternich,
Sauerbraten wie bei Luthern!

LaLürik U51

Trauer verspürt der Bauer
und auch Befremden
weil seine Frau in Emden
einem andern jetzt bügelt die Hemden.
Ach wenn sie doch da wär'
bei ihm hier in Leer
mit Lohn und Brot hätt' es keine Not.
Er würde sich zügeln,
auch ihr Hemdchen bügeln
und manch' anderes plätten –
wie Sie es vielleicht –
auch ganz gern hätten?

LaLürik U52

Ich würde dir keine Kachel
aus meinem Ofen schenken –
da hätte ich ehrlich Bedenken.
Ich habe auch gar keinen Kachelofen,
doch dichte ich für dich
viele Strophen –
und komponiere ein Lied für dich
und vielleicht, vielleicht liebst du
ja mich,
bin ich auch nicht der Ringelnatz,
ich hätte so gerne, du wärst mein
Schatz!

✻

Es wollte besuchen in Tiefenbronn
ein Mann seine Eltern – die schliefen
schon.
Es war halt recht spät.
doch wie es so geht,
er weckte sie und sie riefen „Sohn"!

LaLürik U53

Viele kleine Sterne
siehst du in der Ferne.
In Wirklichkeit sind sie ganz groß –
ist das nicht famos?
Doch willst du zu den Sternen
musst du dich entfernen,
ganz weit weg von dieser Welt –
und natürlich brauchst du Geld.
Somit ist die Romantik hin –
Also schlag's dir aus dem Sinn!
Doch vielleicht in Jahren, Jahren ...?

LaLürik U54

Warum ist ein Quadrat quadratisch,
weshalb ein Kreis ganz rund?
Ganz einfach: Wär' der Kreis quadratisch
dann wäre er nicht rund.

Ein Rechteck hat vier Ecken
und ein Rhombus ebenso.
Was soll all dies bezwecken?
Nichts, gar nichts, es ist halt so.

Auch ich hab' Ecken und Kanten,
bin dazu kugelrund.
Und da sagen die Verwandten –
aber sonst bist du gesund?

Es war ein Trödler in Rabeneich,
der beschenkte die schönen Knaben reich,
was einer sich verbat
und es kam zur grausigen Tat:
Man fand den Trödler im Graben gleich.

LaLürik U55

Worüber sich der Efeu rankt
und die Natter ringelt –
fragt nicht danach, wenn es euch bangt,
denn ihr seid schon umzingelt.

Fragt nicht danach, was dann geschieht
und sucht nicht nach Geraden.
Ob man euch jemals wieder sieht
auf verschlungenen Pfaden?

Schlagt euch ja – und seid so frei –
wenn irgendwo ein Käuzchen schreit
ist das ziemlich einerlei
und der Dschungel nicht mehr weit.

Wo die Jane mit Tarzan haust
hängend an Lianen,
durch die Urwald-Wälder braust
zu Zauberern, Geistern und Schamanen!

LaLürik U56

Es ging ganz schnell in Radolfzell
als wir uns verlobten –
und die Eltern tobten.
Uns tat das weh am Bodensee.
Wir flohen nach Sankt Gallen –
da hat es uns gefallen!
Ihr Vater war ein hohes Tier,
die Mutter – sie gefiel auch mir –
verbat, dass wir uns küssen.
Was haben wir leiden müssen!
Er wolle keinen Schwiegersohn,
schrie Papi durch das Megaphon,
erst recht nicht einen, so wie mich,
worauf ich mich von dannen schlich.
Der Kerl hat unser Kind verführt
schrie die Schwiegerma in spe,
doch wir haben ihn aufgespürt –
hängt ihn auf, o jemineh!
Da kam die Uferpolizei,
aufgeweckt von dem Geschrei,
nahm sogleich die Beiden fest –
so ist's, wenn man nicht lieben lässt!

LaLürik U57

Es stand ein Star im Rampenlicht,
doch die Rampe sah er nicht.
Er stürzte in die Tiefe –
sah aus, als ob er schliefe.

Doch fiel er auch hinunter,
bald war er wieder munter.
Und alle haben es gesehen:
das Mikrofon blieb stehen.

Was schlimmer war
ist sonnenklar:
für sein Instrument war es das End'!

Ihm taten nur die Knochen weh,
das sagte er der Hautevolee,
die zeigte keine Trauer,
da war der Popstar ziemlich sauer.

Es jagte ein Jäger in Eschnapur
den dortigen Tiger in einer Tour.
Jetzt hat ihn der gefressen,
mit allem, was er besessen.
Schade, dass es kein Mensch erfuhr!

LaLürik U58

Er sei nur eine Randerscheinung
war seine felsenfeste Meinung,
so blieb er stets im Hintergrund
und hielt auch meistens seinen Mund.

Doch einmal ist er aufgetaut
und hat sich bei ‘ner Frau getraut.
Die hat ihn mitgenommen
und er ist mit ihr gekommen.

Jetzt hat er wieder nichts zu sagen
und er darf sie nicht mal fragen:
Liebling, hast du mich auch gern,
denn sie sagt zu ihm: Inwiefern?

Alfred liebte seine Nichte,
so eine Geschichte!
Ganz platonisch
und harmonisch –
man seh‘s im rechten Lichte!

LaLürik U59

Das einzig Wahre wär' doch der Klare,
nicht etwa Bier.
So meinten die Notare,
auf dass man es erfahre.

Das ist nicht wahr, Steiner,
sagte da ein Kleiner.
Es ist Zitronensaft,
ein ganz gemeiner –
der schmeckt feiner.

Da kam ein Großer namens Moser,
bestellte sich ein Pils.
Das war ein Loser, ein ganz famoser.

Ein Rechtsverdreher
kam der Sache näher.
Trinkt doch was ihr wollt –
ich bin Frauen-Versteher,
das ist alles, was mich interessiert!

Jim fasste einen kühnen Plan,
zu fangen einen Kormoran.
Doch ohne Glück
kehrt' er zurück
und sagte nur „Mein lieber Schwan"!

LaLürik U60

Ein Aal, der sich im Wasser aalt,
ein Fisch, der stets im Trüben fischt,
ein Spatz, der irgendwo spaziert,
ein Kater, der 'nen Kater hat,
eine Maus, die sich im Dunkeln paart,
ein Kälbchen, das schon frühreif kalbt,
ein Pferd, das sich nicht wehrt,
ein Schwan, dem gar nichts Gutes
schwant,
ein Hirsch mit Jäger auf der Pirsch,
ein Kuckuck, der in Nester legt,
ein Hund, der um die Ecke fegt,
eine Kuh, die Milch gibt ab und zu –
ein tierisch geiles Durcheinander,
ein ewig Auf- und Miteinander –
und eine Schwalbe, die darüber segelt
als der Vogel, der – dies alles regelt!

LaLürik U61

Ich hatte mal ein Dreirad,
auf dem ha'm wir geheirat,
ohne Zeugen, ohne Beirat.
Doch haben wir gefeirat,
splitternackt im Freibad,
das war nicht so verteirat.
Wir kauften uns ein Zweirad,
versetzten unser Dreirad
an einen Herrn Geheimrat.
Der sagte ganz versteinrat:
Ein Ehepaar mit Zweirad
und ganz ohne Dreirad,
das ist mir nicht geheuer?!?
Wir blieben uns umso treuer
und lieben uns noch heute,
ja, da staunt ihr, liebe Leute –
und grüßen euch jetzt in der Tat
vom Hochzeitstrip
zum Tigris und am Euphrat!

✣

Es hatte ein Mann einen Leierkasten;
mit dem tat er zu Frau Meier hasten –
auf dass sie Eier ihm briet
sang er viel zu laut ihr ein Lied
und musste darob trotz der Eier fasten!

LaLürik U62

Es haben die schönsten Haxen
die jungen Mädchen aus Sachsen.
Protest kommt von Frauen aus Schwaben,
seht her, was wir für Beine haben!
Und in Rheinland-Pfalz – überall am Rhein
zeigen die Mädels gern schönes Bein –
und die Damen vom Bundesland Bremen
müssen sich ganz gewiss nicht schämen.
Sagt ein Teenie aus „Meck-Pomm":
Überzeug' dich doch und komm'!
Beinhart kontert NRW –
Sind unsere Beine nicht okay?
Saute Deern aus Hamburg greint
wie bitte – ist das gemeint?
Auch nicht zu vergessen –
der Mädchen Beine aus Hessen!
Und wollt' ihr die aus Thüringen
etwa in die Kniee zwingen?
Im Wettstreit grüßen von der Saar
ganz vollkommner Beine Paar'.
Und die der Frauen aus Niedersachsen
sind besonders schön gewachsen –
genau wie die in Brandenburg
schwärmt jeder Arzt und auch Chirurg!

Für Schleswig-Holstein super fein,
schwören Männer Stein und Bein
und in Sachsen-Anhalt
sind sie wunderschön gestalt'.
Um Bein zu sehen in Berlin
fährt man gern mal öfter hin.
Und was sagen da die Bayern?
Lasst uns die strammen Madel-Wadeln
von oben bis nach unten feiern!

LaLürik U63

Eine kleine Bimmelbahn
mit einem Lökchen vornedran –
oder war es hinten?

Fuhr die kleine Bimmelbahn
rückwärts oder vorwärts an?
Auf jeden Fall, sie musste sprinten.

Kam die kleine Bimmelbahn
oft nicht schnell genug voran,
musste sie sich sputen.

Irgendwann, da kam sie dann
in einem kleinen Bahnhof an
und tat fröhlich tuten.

LaLürik U64

Einst kam ein Dreikäsehoch
zu einem Viersternekoch,
es sei ihm eine Ehre,
zu machen eine Lehre.

Der Kleine lernte rasend schnell
und war schon bald ein Kochgesell –
dem Meister eine große Stütze
erhielt er gleich die weiße Mütze
und arrangierte große Feste
für viele, sehr illustre Gäste.

So ward aus dem Dreikäsehoch
auch ganz schnell ein Fernsehkoch.
Er hat den Meister übertroffen –
und der hat sich zu Tod gesoffen.

Drum werde niemals alt in deinem Job,
denn auf einmal bist du ex und hopp!
Leider sind die Zeiten so –
werde alt und bleibe froh!

LaLürik U65

Rapunzel ließ den Zopf herunter.
Er kam mit einer Funzel
und war auch sonst ganz munter.

Er erklomm den Zopf –
doch als er oben war, da sah der Tropf
mit seiner Funzel
nur Runzel über Runzel.

Vor lauter Schreck fiel er hinab,
kam wieder und schrapp, schrapp
schnitt er den Zopf ihr ab.

Schließlich war seit Jahren
Rapunzel auf dem Turm –
da war er sich im Klaren,
er war ein armer Wurm.

Wieder mal zu spät gekommen,
auch er war ganz schön alt –
er hat das Leben sich genommen –
Rapunzel ließ das kalt!

LaLürik U66

In der Chaotenbar war alles klar
für den schwarzen Ferdinand,
sogenannt
weil er stets schwarze Hemden trug –
doch nicht genug, denn für Betrug
war der schwarze Ferdinand
ebenso bekannt.
Dennoch mochten ihn die Gäste
als Sponsor vieler Feste
mit wunderschönen Frauen –
und im Vertrauen,
ich sage es ganz lapidar
wer kam in die Chaotenbar,
der wusste, was ihm blühte
bei Ferdinands Gemüte.
Und bei jeder Schlägerei
kämpfte Ferdinand für Drei.
Die Jenny, die ihn liebte
war stets die Betrübte –
wenn wieder mal er weggesperrt –
da hat sie fürchterlich geplärrt.

LaLürik U67

Es war mal ein Erfinder,
der zeugte viele Kinder
mit einer drallen Bauernmagd
hat er sich derart rumgeplagt.
Zu Stopfen all die Münder
im Sommer wie im Winter,
das war nicht leicht,
das war sehr schwer.

Und die Mama bitte sehr,
sagte dann zum Vater:
Ach wärst du doch ein Pater
und nicht ein Erfinder
mit einem Stall voll Kinder.
Das ließ er sich nicht zweimal sagen
als es ihm ging um Kopf und Kragen,
da hat er schnell und unumwunden
die „Pille" kurzerhand erfunden.

Es suchte ein Forscher auf Sizilien
bisweilen nicht nur Fossilien.
Gelegentlich sonnte er auch
seinen gewaltigen Bauch
und die anderen Utensilien.

Es sagte eine Dame aus Itzehoe,
zu ihrem Manne, sie schwitze so.
Da nahm er sie bei der Hand
weil er dasselbe empfand –
und sprach, es sei schon 'ne Hitze do.

LaLürik U68

Ich esse gerne
bei drei oder vier Sterne,
zu Hause – in der Ferne –
Krautsalat, Blattspinat,
Sushi oder Hummer
ganz ohne Kummer.
Doch manchmal
vergesse ich mich
und dann esse ich
Leberkäse mit Spiegelei
oder Kasseler mit Kartoffelbrei.
Und hab' ich richtig
Hunger und Durst,
dann greif' ich zu Bier
und Currywurst –
doch letztendlich – das Futtern,
schmeckt mir am besten
natürlich bei Muttern!

LaLürik U69

Auf einer Bank saß Mank –
Mank O.
Er hieß halt so.
Nicht etwa Frank.
Und auch nicht Fred.
Es war schon spät.
Ach hieße er doch Mark,
der Name wäre stark.
Jedoch er hatte Stress,
nicht nur mit seinem Namen,
nein, auch mit gewissen Damen.
So saß betrübt er auf der Bank
Und außerdem war er noch
blank.
Das war das größte Manko
von Mank O.*

* Von Mank O. lesen Sie auch im ersten Band
der Trilogie „LaLürik – die Kneipengedichte".
Mank O. war wie Robin Hood ein Kämpfer für
die Gerechtigkeit, jedoch ein mittelloser
Beschützer der Armen, denn er war selbst arm –
und leider ziemlich unbedarft ...

LaLürik U70

Das Leben könnte schön sein,
willst Du nicht allein sein.
Du könntest ja zu Zwei'n sein
Oder im Verein sein!

LaLürik U71

Eine schöne Villa
auf Mallorca, Can Pastilla –
oder eine Finca,
die nicht kost' viel Pinka,
schön wär 'ne Bodega
wär ich nur intega
und hätte ich Moneta –
und Ihr kämt nach, dann späta!

LaLürik U72

Dem Dromedar war eines klar,
es hatt' nur einen Höcker zwar,
doch fühlt' es sich vonwegen
andern Kamelen unterlegen.
Denn es war sich ganz gewiss
dass es das schönere iss.
Ein einziger Buckel sei genug
entschied das Dromedar für sich –
sehr klug.

LaLürik U73

Einmal war der Mank* ziemlich krank
als sein Boot versank
was ihm schrecklich stank.
Das war im Ozean als sein Kahn
Schiffbruch erlitt, das nahm ihn mit.

Doch Mank, Mank O. –
letztendlich war er froh,
denn er hatte unbestritten
sehr viel schlimmeres
schon erlitten.

** Von Mank O. lesen Sie auch im
ersten Band der Trilogie „LaLürik – die Kneipengedichte"*

LaLürik U74

Ein Eichelhäher
saß auf einem Rasenmäher,
da kam der Mäher näher
und vertrieb den Eichelhäher.
Was der sich nicht gefallen ließ,
er fand das Ganze einfach mies.
Ja, er fand es ganz beknackt
und hat dem Mäher
ein Auge ausgehackt.

LaLürik U75

Ein Kommissar der keiner war,
ein Polizist, ganz ohne List,
ein Rechtsanwalt recht ungestalt,
ein Zeuge aus der Unterwelt
wohl bestellt,
ein entrückter Dichter
und anderes Gelichter.
Ein Advokat weiß keinen Rat
und alle sind sich einig
dass der Schlichter
so unbedarft ist wie der Richter.
Ein Delinquent
der im Gerichtssaal pennt
und eine Aktress,
die verlässt den Prozess –
ungestraft aber kess.

*Es setzte ein Mann sich auf ein Tintenfass
und wurde dabei nicht nur hinten nass.
Nein, leider auch vorn
blieb er nicht ungeschor'n.
Das erzeugte in ihm einen blinden Hass!*

LaLürik U76

Sie hatte ein Pferd – begehrt.
Der Pferdeknecht hatte sie verehrt.
Er wurde belehrt – zuerst kommt das
Pferd.
Ihm hat sie sich verwehrt.
Da hat er sie entehrt –
sie hat sich beschwert.
Er fühlte sich geehrt und letztendlich
haben sie sich vermehrt. Trotz Pferd.
Jetzt sind sie nicht mehr einsam
sondern dreisam. So kam man beisamm'!

LaLürik U77

Es war einmal ein Rinderhirt,
zu dem hat sich ein Schaf verirrt.
Da sprach der Rinderhirt ganz leis':
Wohin des Weges, kleine Geiß?

Das Schaf indes, das sich geirrt
entgegnete ihm leicht verwirrt:
Ich dacht' du bist der Geißenpeter,
wenn nicht, geh' ich zu Heidi später.

LaLürik U78

Ein Piratenschiff
fuhr auf ein Riff.
Es musste leider kentern,
da war nichts mehr zu entern.

Da schwammen die Piraten –
nicht fähig mehr zu Missetaten
zu einer kleinen Insel hin –
gar nichts Böses mehr im Sinn.

Sie wollten endlich sesshaft werden
als Insulaner auf der Erden –
und nicht mal die Piratenbraut
hat sich nochmal umgeschaut.

Enttäuscht jedoch der Chefpirat,
ging in die Schweiz ins Internat
um Menschlichkeit zu lernen.
Ob´s gelang, steht in den Sternen.

✻

Es färbte ein Mädchen die Wangen rot
und hatte mit Männern die liebe Not.
Alle wollten es lieben,
doch keiner ist ihm geblieben.
Nun ist das Mädchen schon lange tot.

LaLürik U79

Es hoffte eine Schnecke
auf einen Schneckerich,
auf dass der sie beglücke,
auch vielerorts entzücke.

Sie saß in ihrem Schneckenhaus,
er kam nicht rein und sie nicht raus.
Da ging die Schnecke auf die Reise
über viele Bahngeleise.

Irgendwo auf großer Fahrt
sei ein Schneckerich parat,
dachte diese kleine Schnecke
auf dass sie endlich ihn entdecke.

Doch dann kam ein ICE
und tat der kleinen Schnecke weh.
Ein Schneckerich, der ihr entgegen kam
war leider einfach viel zu lahm.

✤
Jim mochte auch den Karneval
In Rio, wie fast überall.
Die Frauen,
super anzuschauen,
sagten nur, der hat 'nen Knall!

Alfred konnte viel vertragen
Und er hatte stets das Sagen.
Wenn ihm einer widersprach,
sagte er nur „Aach".
Das schlug ihm auf den Magen.

LaLürik U80

Ein U-, U-, Unterseeboot
Kam in Seh-, Seh-, Sehnot,
denn das Sehrohr war kapott,
es war ganz einfach Schrott.
Gar arg geschlaucht
Ist das U-Boot aufgetaucht,
hat einfach abgehoben
und kam ganz hoch nach oben.
Es fliegt jetzt in der Luft
und wer's nicht glaubt,
der ist ein Schuft,
denn immerhin, nennt sich
das Boot – jetzt Zeppelin!

LaLürik U81

Ein Meisenkaiser ist ein weiser,
wäre er sonst Meisenkaiser?
Ein Kolibri hat Fantasie
und schöne Farben – oder wie?
Wär' er sonst ein Kolibri?
Ein Goldfisch ist ein Goldfisch,
kommt niemals auf den Esstisch.
Ein Hühnerdieb ist gar nicht lieb
sonst wäre er kein Hühnerdieb.
Ein frecher Spatz gibt einen Schmatz,
er ist nun mal ein frecher Spatz.
So hat jedes Tier – sein Pläsier,
könnt ihr folgen mir?
Hol's der Kuckuck oder nicht,
es muss sich reimen, das ist Pflicht
sonst wär' das Ganze kein Gedicht!

❀

Alles war in Butter,
besuchte Hänschen seine Mutter.
Da war er Kind,
wie Kinder sind –
und immer gab es gutes Futter.

LaLürik U82

Wenn sich Frösche lieben,
gibt es ein Konzert.
Da ist ein Schmatzen und ein Quaken
und ich frage mich, wie küssen sie?
Ist ein Froschmaul so erquicklich –
und überhaupt, ist es auch schicklich,
bei all dem Quaken und den Schnaken
auf dem Weiher, auf dem See?
Fühlt der Mensch sich auch gestört,
ist übers Quaken er empört,
dann denk' er dran, dass ihm das Lieben
meistens macht auch ihm Vergnügen!

LaLürik U83

Ein Seepferdchen
kam auf unserem kleinen Erdchen
eines Tags einmal an Land –
das war ihm ziemlich unbekannt.
Es hatte festen Boden unter sich
und freute sich. Jedoch nur für Minuten,
dann wollte es sich sputen,
ganz schnell ins kühle Nass zu kommen.
Es war schon etwas leicht benommen,
hat sich nicht wirklich wohl gefühlt
und wurde gern hineingespült
in sein nasses Element
zu dem es sich viel mehr bekennt.

LaLürik U84

Es war ein Kapuziner,
der liebte innigst Curry-Wurst
und eine Maß für seinen Durst.
Doch leider gab's in der Abtei
auf dem Speiseplan nur Einerlei.

Da nahm der Kapuziner
in seinem heiligen Kloster
eines Tags den Paternoster
und fuhr damit zum Himmel.
Dort gab es viel Gewimmel,
doch leider gab es auch viel Frust
und nichts zu stillen, seine Lust.

Nur Manna gab es als Gericht –
und wieder Curry-Wurst-Verzicht.
Da wurde es dem Mönch zu bunt
und er trollt' sich wie ein Hund.
Zurückgekehrt in unsere Welt
ist er befreit und gut bestellt:
Er hat jetzt einen Diener,
der bringt ihm Curry-Wurst
und Wiener.

LaLürik U85

Geburtstag

Morgens wollt' ich länger schlafen
doch um sechs Uhr dreißig trafen
allererste Wünsche ein
und ich war nicht mehr allein.

Ein hübsches Mädchen brachte Post,
auf den Straßen lag noch Frost –
ein Telegramm von Monika,
die war schon lange nicht mehr da!

Im Schlafanzug mit nackten Füßen
musst' ich die Postlerin begrüßen.
Ich fand das Mädel furchtbar nett
und lud sie ein zu mir ins Bett.

Sie sagte, das sei kein Betragen,
ich solle so was nie mehr fragen.
Doch draußen war es bitter kalt –
ich überzeugte sie sehr bald
mit ein paar Küsschen auf das Mündchen
zu einem kleinen Schäferstündchen.

Doch wir wurden jäh gestört
und waren beide sehr empört.
Um acht Uhr kam der Schornsteinfeger
und gleich danach der Fliesenleger.
Den hatte ich schon längst bestellt,
er hat sich fröhlich zugesellt.

Jetzt lagen wir im Bett zu viert,
halb an-, halb ausgezogen – ungeniert.
Ich sollte frische Brötchen holen,
da kam die Nachbarin aus Polen –
wollt' mir herzlich gratulieren,
allerdings nicht allen Vieren.

Erst gab sie sich sehr entsetzt,
die guten Sitten seien verletzt.
Das Fläschchen Wodka, ganz bestimmt,
hat sie letztendlich umgestimmt.

Als nächstes kam dann Bruder Klaus –
nicht allein – mit seiner Maus!
Die Beiden haben es gut gemeint,
jetzt waren wir zu siebt vereint.

Im Kühlschrank war'n nur Milch und Sahne;
ich lag jetzt auf der Ottomane,
wusst' nicht mehr ein, wusst' nicht mehr
aus, schrie mit lauter Stimme „Rrrraus!"

Doch Keine(r) hat mir zugehört,
ich war wirklich sehr verstört.
Und endlich schlief ich wieder ein –
sollt' das denn mein Geburtstag sein?

Als dann noch viele Kumpels kamen
fielen alle aus dem Rahmen.
Sie wollten mich nicht kränken
und mir was Schönes schenken.   →

Sie sagten „Prost" und auch „Cin cin" –
dass ich der Allergrößte bin.
Zuletzt kam noch die Frau Mama
und als sie die Bescherung sah,
meinte sie ganz trocken:
„Ich bin gänzlich von den Socken!"

„Gibt's hier nichts zu essen?
Nur Halunken und Mätressen?
Immerhin – von bester Sorte,
bring' ich die Geburtstagstorte."

Kläuschen holte Bier und Schnaps,
ich gab der Polin einen Klaps,
denn sie war mir sehr gewogen,
hat niemals ihren Mann betrogen.
Wollt' der Schönen ich beweisen –
so ist das halt in Künstlerkreisen!

Um dreizehn Uhr gab es dann Pizza
und ich träumte längst von Nizza –
und die Geburtstagsgäste sangen
voller Inbrunst und Verlangen
augenblicklich ganz im Nu:
„Happy Birthday tu jujuh!"
Als sie nächtens gingen war ich froh –
eingeschlafen auf dem Klo!

LaLürik U86

Das Christkind kommt im Süden,
im Norden wohl der Weihnachtsmann.
Es gibt auch noch den Krampus,
Knecht Ruprecht und den Nikolaus –
woanders heißt der Santa Claus.
Das erste kommt vom Himmel,
der zweite mit Gebimmel
auf einem Rentierschlitten –
und einer rauscht durch den Kamin.
Doch wo wollen die nur alle hin?
Zu Fuß kommt nur der Krampus,
Knecht Ruprecht auch zum Schluss.
Die einen haben Ruten,
die andern müssen sich sputen
dass jede(r) kommt zur rechten Zeit
und viel Geschenke hat bereit.
Wie eine(r) heißt und was er frommt,
Hauptsache ist doch, dass er kommt
mich nicht bestraft und nicht vergisst,
weil ja schließlich Weihnacht ist!

❀

Hans nahm vieles sich zu Herzen,
bekam davon stets Magenschmerzen.
Half kein Gebet,
war es zu spät,
entfachte er zwei Wunderkerzen.

LaLürik U87

Der Mank O. war so nicht froh.
Denn die Elisabeth
war zu ihm gar nicht nett.
Sie hatte einen andern,
der kam direkt aus Kandern
im „Ländle", nicht in Hessen,
hat sie Mank O. vergessen!

Er fand dies mehr als sonderbar,
jedoch, es war ihm eines klar:
Den allerschönsten Frauen
kann Mank nicht mehr vertrauen.
Sie hatte ihn verlassen,
er schlendert' durch die Gassen
wie ein verlorenes Schaf –
bis er Hermine traf!

So hatte er ein neues Glück
und dachte ohne Groll zurück.
Wie lange wird Hermine bleiben?
Wird sie's auch mit andern treiben?
Verlieren war er ja gewöhnt
und mit dem Schicksal fast versöhnt.
Es ist im Leben nun mal so:
Auf ein Neues, sagt Mank O.!

Vor der Kaserne, vor dem großen Tor
stand er, der ew'ge Liebe schwor
seiner Madleen,
die war so scheen
und zog bereits 'nen andern vor!

LaLürik U88

Der Frosch, der die Prinzessin küsste
tat so, als ob er dieses müsste.
Sie wurden nie ein Pärchen,
das gibt es nur im Märchen.

Und die Prinzessin war nicht echt
und der Kuss bekam ihr schlecht.
Sie musst' sich übergeben –
das ist das wahre Leben!

Denn aus seinem zahnlos bösen Maul
roch es wirklich etwas faul.
Das straft das Küssen Lügen
und ist keineswegs Vergnügen.

Sie gab dann auch ein Interview
und erzählte ohne Schmuh:
Herr Frosch ist ein Bekannter –
wird niemals Blutsverwandter!

LaLüriK U89

Ein Regenwürmchen
erklomm ein Türmchen.
Es wollte mal von oben seh'n,
wie die da unten geh'n.

So kroch es langsam auf das Dach
und oben war es dann so schwach,
dass es herunter fiel.
War das sein Ziel?

Es wollte nur ein einzig Mal
ganz oben sein –
und war nun wieder unten
und wieder ganz, ganz klein.

So hat es die Erfahrung gelehrt,
auch oben lebt sich's nicht unbeschwert.
Doch wenn du einmal ganz unten bist
ist alles andere nur noch Mist.

LaLürik U90

Ich wollt' ich wär' ein Gummibärchen,
dann liebte mich nicht nur mein Klärchen.
Mich liebten auch die Kinder –
nicht minder.
Doch wäre ich dann durchgekaut
und vielleicht sogar verdaut,
wär' ich ziemlich angefressen
weil so superschnell vergessen!

LaLürik U91

Ein Rehbock bockt,
ein Zocker zockt,
ein Fischer fischt,
ein Fresser frisst,
ein Stinker stinkt,
ein Bringer bringt,
ein Zimmer zimmt,
ein Brecher bricht,
ein Stecher sticht,
Ein Bello bellt –
Was kost' die Welt?
Und wer's nicht glaubt,
ist angestaubt!

LaLürik U92

Beim Brunch

Als allererstes gab es Brötchen,
das war keinesfalls von Nötchen,
denn alle, alle stürzten sich –
ich gebe zu, das tat auch ich –
auf Würstchen, Schinken, weiches Ei –
ja, da war ich auch dabei.
Kaffee gab's, Tomaten- und Orangensaft,
langt zu Leute, das gibt Kraft!
Lachs und Müsli, Konfitüre,
wer Lust auf Süßes da verspüre.
Kein Frühstück ohne Vitamine,
der Ober spielte Violine
so lang, bis man die Weißwurst fraß
mit Brezeln, Senf und einer Maß.
Und noch einer raucht dazwischen,
ich könnte glatt ihm eine zischen!
Nicht genug, dann das Menue –
um satt zu werden, noch zu früh!
Die Suppe hätt' ich fast vergessen
als Entree zum großen Fressen.
Wem jetzt noch nicht der Ranzen
spannte, der gleich zum Kuchenbuffet
rannte – die Wahl war schwer
ob Eiskaffee, ob mit Likör,
ob Eierschnee –
das Ganze nennt sich Brunch,
geht über dann zum Lunch

und riecht man schon den Braten
ich will es euch verraten –
erst habe ich gekotzt,
dann fürchterlich gemotzt
über meinen Magen,
der all dies nicht vertragen!

LaLürik U93

Don Quijote de la Mancha
mit seinem Diener Sancho Pansa
konnte sich nicht zügeln
bei Windmühlen-Flügeln.
So reisten beide dann nach Bayern
ohne Grund, etwas zu feiern!
Sie gingen in das Hofbräuhaus,
wussten nicht mehr ein noch aus
denn sie konnten nicht bezahlen
und verließen unter Qualen
dieses wunderschöne Land
weitestgehend unbekannt,
zogen sie nach Hessen ohne was
zu essen, mit keinerlei Mätressen
und anderen Interessen
als lediglich ein Bett zu finden,
wenn es sei, auch unter Linden.
Irgendwo sind sie gestrandet
und im Himmel wohl gelandet.
Ja, so ist das Leben,
da geht mancherlei daneben.

LaLürik U94

Es sind die roten Korallen
die allen gefallen.
Und vielen Kerlen
gefallen auch Perlen
an Frauen –
schön anzuschauen.
Juwelen
könnte man stehlen,
Gold und Silber macht reich
so manchen Scheich.
Doch ich beneide
um das ganze Geschmeide
nicht diesen, nicht jenen,
auch nicht die Schönen
die sich damit schmücken
um zu entzücken.
Ich bin so vermessen,
mir reicht gutes Essen,
ein bisschen Um-triebe
und ganz viel Liebe.
Dann schenk' ich der
Schönsten von allen –
nicht nur Korallen!

LaLürik U95

In Aurich war ich so traurich,
in Buxtehude auf meiner Bude
ging's mir nicht besser,
nur Nebel ringsum und Gewässer
und dauernd nur Storm
in Husum – enorm!

Be-scheiden –
ich konnte nur leiden.
So ging ich auf See,
das war erst okay.
Doch der Käpt'n war ein .....
und blies mir den Marsch.
Für mich ein Grund auszusteigen,
mich wieder an Land zu zeigen.

In HH traf ich Lola
bei einer Cola –
und bin dann im Norden
dennoch sesshaft geworden.

Doch träum' ich vom Allgäu
als Heimat für uns Zwei.
Aber meine Madam
will partout nach Amsterdam –
so kommen wir nie
und nimmer zusamm'!

LaLürik U96

Durfte Adam Eva küssen?
Hat er dieses sogar müssen?
Es war ja keine Zweite da
die er mit anderen Augen sah.
Ich denk' er küsst' sie auf den Mund –
für Eifersucht gab's keinen Grund.
Beide waren immer nackt,
wer da nicht zugreift, ist beknackt.
Und doch stand alles auf der Kippe,
denn Sie war aus seiner Rippe.
Später war so was verpönt
wurd' verurteilt ungeschönt.
Was Adam zum Verhängnis ward –
nicht, dass die Beiden sich gepaart!
Oh nein, es war ein schlichter Appel –
mit dem begann der ganze Trouble.
Sie flogen aus dem Paradies –
das fanden beide schrecklich fies!

*Karl fing einen Kabeljau
und kocht' ihn wie Forelle blau.
Doch das Gericht
schmeckt' ihm nicht –
denn dazu braucht's 'ne Ehefrau!*

LaLürik – Ende

In dulci jubilooh –
für meinerseits bin ich nun froh.
Der dritte Band ist abgeschlossen
und ich sag's ganz unverdrossen:
Ich habe es auch sehr genossen.

Für Euch, meine lieben Leser
von der Donau bis zur Weser,
war allein es mein Bestreben
zu versüßen Euch das Leben.
Die vielen Sprüche – oft daneben –
sollen Spaß und Freude geben!

Im dritten Band,
ich bin gespannt, ob diese Trilogie
Euch begeistert – oder nie?
Ich lüfte mein Inkognito*
zu guter Letzt jetzt sowieso.

Ja, wer ist dieser Reinhard F.*
der so viel schreibt aus dem Effeff?
Mag meine Dichtung Euch gefallen,
dann, ich bitt' Euch, so sagt es allen –
wenn sie Euch aber nicht gefällt,
kann sie getrost Euch auch ent-fallen!

* Reinhard F. Kuttler, Poet aus Passion,
Mitglied des Ulmer Autoren e.V. seit 2005